Crea y Emprende

Guia para el nuevo emprendedor

Crea y Emprende

Juan FLOBE

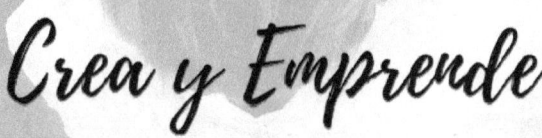

Crea y Emprende

Juan Ramón Flores Velasquez
SPS, Honduras, C.A.
Grupo FloBe

ISBN: 978-0-359-65064-4
1ra. Edición
Todos los derechos reservados
Licencia Standard Derechos de Autor

CONTENIDO

Crea y Emprende

No soy el único, ni el primero, ni el mejor, soy un servidor que desea compartir su experiencia y conocimientos adquiridos contigo.

Juan Flores

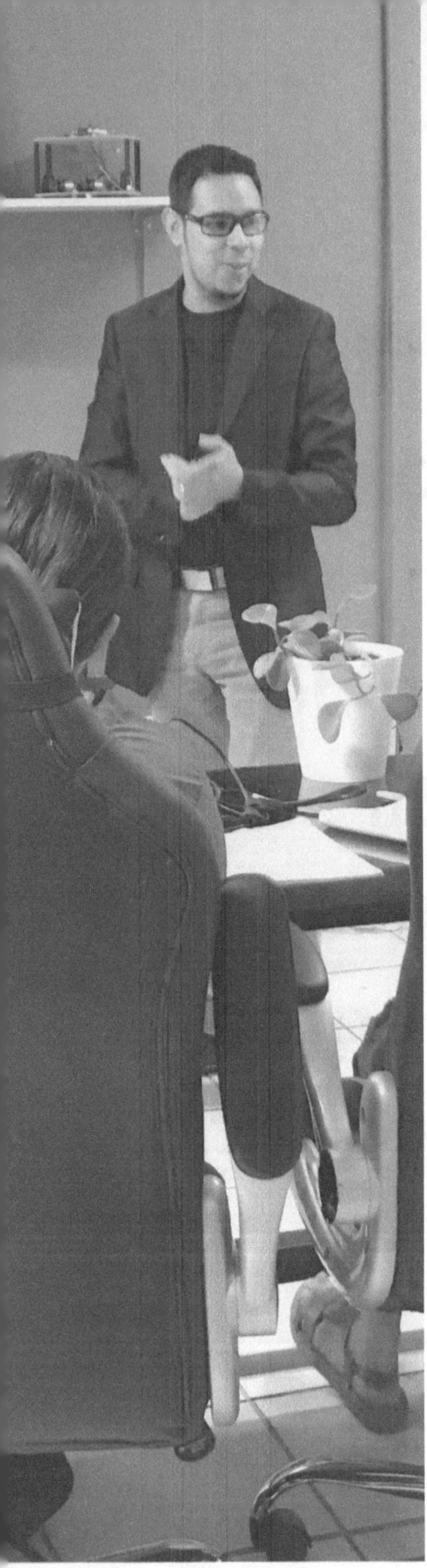

JUAN RAMÓN FLORES

- CEO y fundador de Grupo FloBe (inversiones Flores - Beltran S de R L)
- Presidente y fundador de Zona Emprende S.A.
- Editor y Creador de REINVENTA
- Certificado con Google y la lab spain en Marketing Digital
- Certificado en E Commerce con Escuela de Organización industrial de España
- **Diplomado Marketing Digital The Open university**
- **Certificado en Inbound marketing con Hubspot**
- Miembro de YLAI
- Mas de 12 años de experiencia en puestos administrativos de empresas multinacionales y liderando equipos de trabajo en diversas áreas.

¿PORQUE YO?

No cuento solo con la teoria sino que he vivido y experimentado en la practica y en diversos escenarios todo lo aprendido, lo cual me ha permitido brindar capcitaciones, asesorias, mentorias y acompañamientos en mi Pais de origen, Honduras y on line en Colombia, Mexico, Argentina, Republica Dominicana y Bolivia. Mi objetivo no es solamente motivar o inspirar sino que tambien desfiar.

CONTACTO

(504)8791-5581
Juanflobe@gmail.com
www.grupoflobe.com

SÍGUEME EN LAS REDES

@JUANFLOBE

Agradecimiento

- A Dios, es que sin él no somos nada y he logrado conocerle en cada detalle, de el y por el somos lo que somos y tenemos lo que tenemos.

- Mi Esposa, socia, compañera de aventuras y mejor amiga, aunque no lo crean una muy alta parte de lo que soy y he logrado ha sido gracias a ella, mi inspiración y la persona que me ubica y me frena cuando debo frenar, te amo mi vida, eres la mejor!

- Mis Padres, de ellos he aprendido el valor del trabajo y de la perseverancia, me siento orgulloso de ser su hijo y cada día más, quiero seguir su ejemplo y legado.

- Emprendedores que han puesto su confianza en mi persona, aunque no lo crean he aprendido mucho de ustedes.

Este libro está dedicado a todos y cada uno de ustedes!

Cree, Sueña y Actúa

CAPÍTULO I

Cree

Es casi imposible poder llevar un sueño a la realidad si primero no creemos en nosotros mismos, no se trata solo de soñar, recordemos que EMPRENDER tiene que ver con una acción y no con tener una idea, emprender inicia cuando ponemos esa idea precisamente, en acción.

Mientras la idea, por muy buena que sea, no está siendo llevada a cabo, sigue siendo solamente una idea.

Ahora bien, uno de los mayores problemas del porque no podemos llevar la idea a la acción, o por el que nos da miedo emprender es por que no creemos en nosotros mismos, tenemos inseguridades y esas inseguridades vienen de no conocer nuestros talentos o habilidades o quizás si conocemos pero no los desarrollamos, entonces es normal que tengamos miedo, por esa razón coloco el hecho de CREER antes que SOÑAR.

Una vez logramos saber de donde venimos, quienes somos, cual es nuestro propósito y nuestro talento o potencial, es más fácil creer y es ahí donde podemos soñar con metas que seguramente podremos alcanzar.

Te animo a que antes de seguir puedas hacer una lista de tus aptitudes y habilidades (para ser realistas, las que sabes que tienes desarrolladas) o pregunta a personas cercanas que talentos han visto en ti y empieza a creer que puedes.

Sueña

Primero que nada, ya definimos anteriormente que no es lo mismo una idea que un sueño, una idea es algo que puedes hacer casi inmediatamente o a corto y mediano plazo, un sueño va más allá, de hecho se enfoca en el futuro y por eso es importante que soñemos con lo que NO tenemos pero hagamos con lo que SÍ tenemos.

Ahora, hemos confundido el concepto o fin de un sueño, y es que cuando se trata de soñar, no debemos enfocarnos solamente en nosotros mismos, nuestros intereses o lo que queremos, sino que más bien, debemos tener un sueño noble que se enfoque en los demás, que incluya no solamente a nosotros sino a los nuestros, que legado podemos dejar, que pasara con este sueño cuando ya no este yo.

Soy un fiel testimonio que cuando tienes un sueño que ayuda a los demás, las cosas que quieres para ti mismo vienen por consecuencia de ese sueño, espero me vayas entendiendo.

Sueña en grande, ahora debes saber que entre más grande sea el sueño, mas grande sera el sacrificio pero también, mas grande sera la recompensa y entiende esto: NO hay atajos ni golpes de suerte para cumplir los sueños y si encuentras alguno ten seguro que no durará.

Cuentame cual es tu sueño y a quién beneficia este sueño.

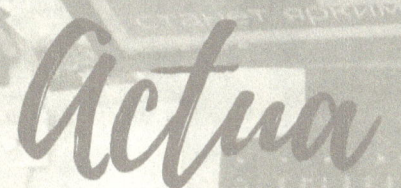

Sueño sin acción = pura emoción.

Cuando soñamos, corremos el peligro de ser un tanto emocionalistas, y no esta mal, es lo justo, el problema está en que nos quedemos soñando cosas grandes y convirtamos una fantasía en una realidad y esto sucede cuando NO tomamos acciones.

Alguien decía: *Muchos tienen grandes sueños, otros se mantienen despiertos y lo logran.* Coincido con este pensamiento, y es que es importante que si tenemos un sueño tomemos acciones, por pequeñas que sean.

Miralo asi: Un sueño es como un préstamo, entre mas nos tardamos en abonar más difícil se hará el poder pagarlo.

Las acciones que tomemos hoy son las que van a determinar el futuro de mi empresa o negocio y es por eso que vemos muchos emprendimientos que no pasan del mismo nivel: algunos se conforman, otros como no creen en sí mismos tienen miedo de avanzar y otro grupo por el hecho de no tomar acciones que vayan enfocadas en que ese sueño trascienda.

Pregúntate por un momento y haz una lista de qué acciones debes tomar para que tu negocio crezca y coloca a la par cuales puedes hacer ya y hazlas!

Hagamoslo practico

Mis cualidades y talentos son:

Mi mayor sueño es:

Mi sueño Beneficia a:

Para que mi emprendimiento crezca debo tomar estas acciones:

	La puedo hacer ya	Debo esperar un poco
	⚪	⚪
	⚪	⚪
	⚪	⚪
	⚪	⚪

Plan de Negocios

CAPÍTULO II

¿Que lleva un plan de negocios?.

QUIEN

¿Quien es nuestro cliente, ¿como es el? ¿Cuales son sus gustos? ¿Cuales son sus valores?

QUE

No se trata de lo que voy a vender sino que experiencia y propuesta de valor voy a ofrecer.

COMO

De que forma voy a lograr que mi propuesta de valor llegue a mi audiencia.

CUANTO

Cuanto me costara y cuanto sera mi ganancia

¿*Quien* es mi Buyer persona?

Si no conozco a mi comprador potencial o mis segmentos de clientes, difícilmente podre generar ventas y mucho menos fidelizar a mis clientes.

A continuación algunas ideas de que debo tener en cuenta:

Nombre

Creemos un nombre que identifique a cada buyer persona, usemos nombre común que nos haga pensar inmediatamente en ese segmento de audiencia.

Datos demográficos

Edad, sector donde vive, profesión, nivel educativo, Sector profesional

Caracteristicas

Cuales son sus miedos, metas y rol en la sociedad.

Que es lo que mas le gusta y que disfruta mas.

Factores de compra

En que se basa para comprar, cuales son sus quejas de la competencia u otras empresas, experiencias de compra y que medios o canales usa para comprar.

PERSON BUYER

NOMBRE	EDAD

PROFESIÓN	NIVEL EDUC.

Factores que influyen en su compra

Características

Canales o medios por los que compra.

¿Que podemos ofrecerle?

@JUANFLOBE

PROPUESTA DE VALOR

—

NO ES EL PRODUCTO O SERVICIO, SINO LA EXPERIENCIA

 **PRECIO**

 **NOVEDAD**

 **SERVICIO**

 **MARCA / STATUS**

 **REDUCCIÓN DE RIESGOS**

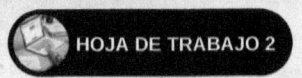 HOJA DE TRABAJO 2

MI PROPUESTA DE VALOR

MI PRODUCTO O SERVICIO

PROMOCIONES DE PRECIO

FACILIDADES Y TÉCNICAS DE SERVICIO

QUE RIESGOS REDUZCO

CANALES

Ventas Web

Redes Sociales, tienda on line, correos, WhatsApp

Distribuidores

Crear un plan de distribuidores o mayoristas.

Tienda física

Sin importar el tamaño y lugar de entrega

Expos

Exposiciones y networking

Publicidad

Ya sea impresa o digital

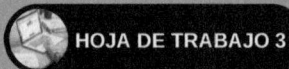

DISTRIBUIDOR
PROPUESTA

DISTRIBUIDOR: CIUDAD

TELÉFONO: CORREO:

PROCESO PARA SER DISTRIBUIDOR	ESCALA DE PRECIOS

FORMAS Y MÉTODOS DE PAGO	FORMAS Y TIPOS DE ENVIOS

RELACIÓN CON EL CLIENTE

—

Asistencia Individual

Se trata de poder personalizar el servicio segun el tipo de cliente o segmento buyer persona.

Asistencia Personalizada

Una atención mas directa haciendo uso de cualquiera de los recursos y canales

Comunidades o audiencia

Creación de audiencia y de clientes referentes no sin antes darles un motivo diferente al beneficio de mi producto o servicio.

¿Cual se adapta mejor a tu segmento de cliente?

RECURSOS CLAVES

SUEÑA CON LO QUE NO TIENES,
HAZ CON LO QUE SI TIENES.

 **EQUIPO**

 **MAQUINARIA**

 **RECURSO HUMANO**

 **RECURSO INTELECTUAL**

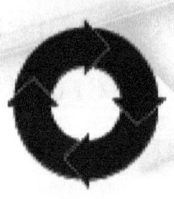 **PROCESOS Y LOGISTICA**

Haz una lista de los recursos que necesitas, cuales tienes y cuales conseguirás en los próximos días.

@JUANFLOBE

Producción

Todo lo que hacemos y vendemos sean servicios o productos llevan un proceso de producción

Diseño e imagen

La Imagen SI importa, Mas que una marca se trata de lo que transmites.

Entrenamiento

No vayas al partido de tu vida sin haber entrenado.

Operaciones especificas

Es importante que definamos que actividades hacer en cada etapa.

ACTIVIDADES CLAVES

NEGOCIO:

EMPRENDEDOR:

FECHA INICIO

FECHA LIMITE:

ACTIVIDADES RELACIONADAS CON PRODUCCIÓN

DISEÑO E IMAGEN

ENTRENAMIENTO

OTRAS OPERACIONES.

ASOCIACIONES CLAVES

—

Adquisición de recursos

Creamos asociaciones con proveedores que generan recurso no necesariamente físico sino intelectual, tecnológico o humano.

Reducción de costos

Conocer proveedores con los que puedo hacer negocios a largo plazo y establecer una relación que nos beneficie pero a la vez nos compromete.

Complementación

Alianzas estratégicas con personas o empresas que complementen o le den un pluss a mi producto o servicio.

¿Costos e Ingresos?

Costos Fijos

Son aquellos repetitivos que tienen generalmente el mismo valor y cuentan con periodos establecidos.

Costos Variables

Son los que como su nombre lo dice: varían en fecha y valor, o los que cambian de acuerdo a factores cuantitativos

Venta total

Conocida también como venta bruta, en esta parte se toma el total de facturación mes a mes SIN alegrarnos si la cantidad es grande.

Utilidad

Esto es lo que queda de las ventas después de pagar proveedores, servicios y mas.

Es esta la que en realidad debemos evaluar

TU EMPRESA:

PRODUCTOS O SERVICIOS:

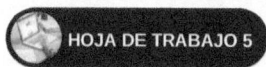

CHECK LIST

PARA DEFINIR TUS COSTOS **REALES**

Coloca el valor mensual estimado de cada uno, sumas todos y el total lo divides entre 28 días, el resultado lo divides entre 8 horas y ese es tu valor de costo por hora...

Mano de obra

Transporte

Energía/Agua

Alquiler

Celular/Internet

Materiales

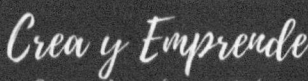

Crea y Emprende
Cursos - Asesorías - mentorías

Crea tu Marca

CAPÍTULO III

COLOR	SIGNIFICADO	SE UTILIZA EN:
ROJO	Amor- pasión - fuerza - revolución - peligro	
NARANJA	Valores - Sencillez - Cercanìa - Amistad - Felicidad.	
AMARILLO	Felicidad - Riqueza - Abundancia - Calidez - Amabilidad.	
VERDE	Frescura - Crecimiento - Naturaleza - Juventud - Esperanza	
AZUL	Confianza- Seguridad- Honestidad- Calma- Inteligencia	
ROSA	Belleza - Delicadez - Encanto - Dulzura - Amistad	
MORADO	Lujo - Imaginación - Glamour - Nostalgia	
CAFÉ	Fuerza- Fortaleza- Protección- Dulzura - Amistad - Rustico	
NEGRO	Lujo - Formalidad- Profesional- Autoridad.	
BLANCO	Pureza - Transparencia - Seguridad - Inocencia - Paz	

TIPO DE LOGO

ISOTIPO
Es el símbolo o imagen, sin texto.

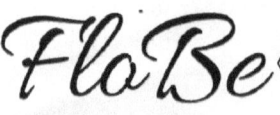

LOGOTIPO
Logo en palabra, es decir solo texto.

IMAGOTIPO
La imagen o símbolo con el texto pero separados.

ISOLOGO
La imagen o símbolo yel texto incrustados.

LA MARCA

Símbolo

Logotipo → Juan Flores

Consultor Digital ← Designativo

Slogan → Soy Un Servidor!

SI! PUEDES TENER TODOS!

ISOTIPO
Es el símbolo o imagen, sin texto.

Juan Flobe

LOGOTIPO
Logo en palabra, es decir solo texto.

IMAGOTIPO
La imagen o símbolo con el texto pero séparados.

Juan Flobe

ISOLOGO
La imagen o símbolo yel texto incrustados

PRACTICA

Cree su logotipo, imagotipo, isotipo e isologo.

Mi empresa se dedica a: _____

Según lo que aprendi el color que mejor le vendria a mi negocio seria el: _____

El simbolo o icono que mejor identificaria a mi negocio es:

_____

Pensando en el negocio, cliente y producto el eslogan de mi negocio seria:_____

La tipografía que podría usar en mi negocio seria:

_____

Ideas para promocionar mi imagen, marca y producto:

Plan de Contenidos

CAPÍTULO IV

¿Por que es importante un plan de contenidos?

Toda gestión dentro de nuestra empresa o emprendimiento debe llevar un plan. El plan es lo que me prepara y una guía para lo que queremos alcanzar, el no tener un plan es como estar golpeando al viento, por mas que publiquemos no obtendremos resultados.

En este caso el plan es mi mapa o mi diseño del rompecabezas que tengo que armar...

Cronograma Anual

ESTABLECER CANALES

Se deben separar los canales redes sociales a usar: facebook, Instagram, E-mail, blog, et)

ESTABLECER POR MES Y SEMANA

Es importante establecer un seguimiento y sincronizar contenido especifico en todos los canales, lo preferible seria tener una frecuencia de tipo contenido.

LISTA DE CONTENIDOS

Esto es los objetivos o tipos de contenido, deben ir por canal.

PLAN SEMANAL

LISTA DE PROMOCIÓN

Debo tener claro que producto, que servicio o promoción deseo promocionar

OBJETIVO

De cada publicación que haré debo tener claro cual de los 4 objetivos quiero lograr, todos llevan a vender pero no todos son vender-

TIPO DE CONTENIDO

Esta es la lista de tipos de contenido a crear, al elegir debes combinar cual es mas adaptable al objetivo.

CANALES

Esta es la lista de los canales o donde vas a hacer la promoción, puedes escoger varios, por eso en el cuadro d planificación están 3 casillas para ello

LUGAR Y HORA

Presentations are communication tools that can be demonstrations, lectures, speeches, reports, and more.

¿QUE ES Y POR QUE ES IMPORTANTE UN PLAN DE CONTENIDOS?

Toda gestión dentro de nuestra empresa o emprendimiento debe llevar un plan. el plan es lo que me prepara y una guía para lo que queremos alcanzar, el no tener un plan es como estar golpeando al viento, por mas que publiquemos no obtendremos resultados.

En este caso el plan es mi mapa o mi diseño del rompecabezas que tengo que armar...

CRONOGRAMA ANUAL

1 Define que canales utilizaras, incluye redes sociales, pagina web, correos y demás.

2 Crea una lista de objetivos que quieres lograr o que contenido deseas publicar en todo el año por canal.

3 Separar por mes y semana, preferiblemente que los contenidos lleven una sincronía entre ellos

4 Revisa las veces necesarias para ver si logras una sincronía entre tus contenidos y canales y que a la vez no sea tan repetitivo, si tienes un plan de trabajo tu plan de contenido anual debería tener los mismos objetivos.

CRONOGRAMA ANUAL

HAZ UNA GUIA AQUÍ

CANALES	ACCIÓN O ACTIVIDAD	MES	SEMANA

OBSERVACIONES

Crea y Emprende

OBJETIVOS

INFORMAR
QUE TE CONOZCAN
Educa a tu cliente, que pueda conocer mas del producto y servicio que ofreces y de su entorno.

CONECTAR
CON TUS CLIENTES
Entretén a tu cliente, que el vea que no solo te interesa venderle.

ATRAER
DA UNA RAZÓN
Motiva a tu cliente y dale razones por las cuales compararte.

CAPTAR
CONVIERTE
Si solo le hiciste una venta a tu cliente no lograste mucho, debes lograr fidelizarlo

@JUANFLOBE

IDEAS

VÍDEOS

Busca que sea de buena definición y con duración entre 15 a 30 segundos, el sonido es muy importante.

PROMOCIONES Y OFERTAS

Semanal o mensualmente realiza promociones, sorteos, giveaway y ofertas atractivas donde interactues con tu cliente.

TESTIMONIOS

Publica los comentarios de tus clientes, fotografías, felicitaciones, comparte el enlace de tus redes para que dejen una calificación y opinión.

CREATIVIDAD

Salte de lo tradicional, postea no solo imágenes de tu producto, busca publicar infografias, memes, fotos creativas y mas!.

@JUANFLOBE

LO QUE LLEVA UN PLAN DE CONTENIDOS SEMANAL

LISTA DE PROMOCIÓN

Debo tener claro que producto, que servicio o promoción deseo promocionar

OBJETIVO

De cada publicación que haré debo tener claro cual de los 4 objetivos quiero lograr, todos llevan a vender pero no todos son vender-

TIPO DE CONTENIDO

Esta es la lista de tipos de contenido a crear, al elegir debes combinar cual es mas adaptable al objetivo

CANALES

Esta es la lista de los canales o donde vas a hacer la promoción, puedes escoger varios

PLAN SEMANAL

SEMANA

ENCARGADO

OBJETIVO

CONTENIDO

CANAL

_____ _____ _____
_____ _____ _____
_____ _____ _____
_____ _____ _____
_____ _____ _____
_____ _____ _____
_____ _____ _____
_____ _____ _____
_____ _____ _____
_____ _____ _____

QUE PROMOCIONARE

_____
_____
_____
_____
_____
_____

CREANDO CONTENIDO

NO VAMOS A CAMBIAR SOLO TEXTO MODIFICAREMOS TODO!

En esta ocasión usaremos canva, un programa muy completo si usas tu creatividad, NO harás diseños profesionales, pero te sacara de apuros.

Primero lo primero: conozcamos las herramientas.

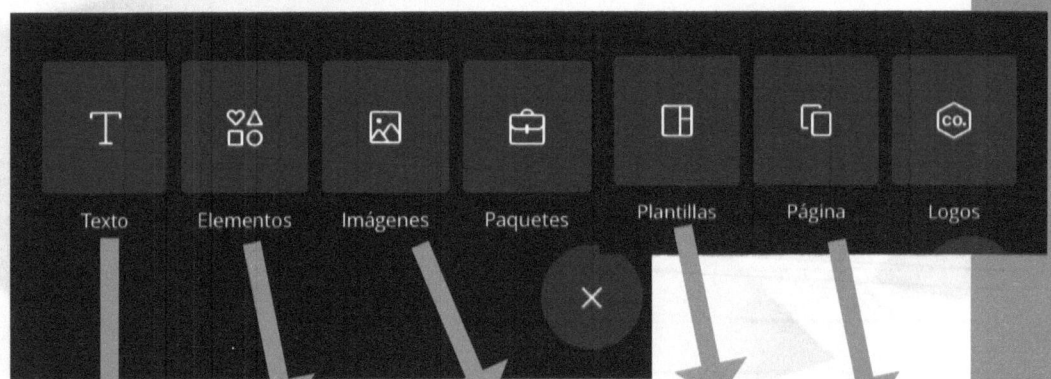

| Texto | Elementos | Imágenes | Paquetes | Plantillas | Página | Logos |

Modificamos, agregamos y hacemos cambios en el texto

Agregamos figuras, elementos, entre otros que complementan nuestro diseño

Colocamos imágenes del buscador de canva o de nuestro carrete de fotos en el celular.

Creamos o integramos plantillas ya creadas

Adicionamos paginas si el diseño lleva mas de una.

(si tomamos elementos, imágenes u otros de canva, asegurémonos que sean gratuitas

CREANDO CONTENIDO

NO VAMOS A CAMBIAR SOLO TEXTO MODIFICAREMOS TODO!

NO vamos a crear imágenes de una plantilla cambiando solamente el texto, sino que modificaremos toda la plantilla usando nuestras propias imágenes, texto y colores de la empresa.

@JUANFLOBE

CREANDO CONTENIDO

NO VAMOS A CAMBIAR SOLO TEXTO MODIFICAREMOS TODO!

Podemos cambiar la imagen de fondo o ponerle solo un color de fondo, igualmente podemos cambiar color de formas o elementos a nuestro gusto.

Cambiaremos el tipo de letra, color, espaciado y podemos ponerlas que todas sean mayúscula o que sean mayúscula y minúscula

 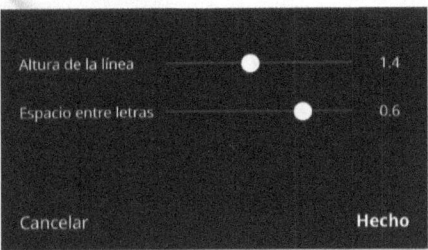

CREANDO CONTENIDO

NO VAMOS A CAMBIAR SOLO TEXTO MODIFICAREMOS TODO!

Y así podemos tomar solamente como idea una plantilla y transformarla a modo que se identifique con nuestra marca y emprendimiento.

PROGRAMA TU CONTENIDO

DE MANERA FÁCIL Y DE UNA SOLA VEZ

Existen varias aplicaciones para tu móvil que te permiten promocionar o programar tu contenido sin necesidad que tengas que estar publicando y ya que tienes un plan de contenido, puedes dedicar una media hora un fin de semana para programar las publicaciones de la semana, generalmente en estas apps y plataformas puedes conectar 3 perfiles sociales y programar 10 publicaciones.

la ventaja es que publicas el mismo contenido en facebook, instagram y alguna otra red como Linkedin, google, entre otras.

Facebook también cuenta con CREATOR by facebook, con esta red puedes publicar simultaneamente en tu pagina, instagram y twitter.

PROGRAMA TU CONTENIDO

DE MANERA FÁCIL Y DE UNA SOLA VEZ

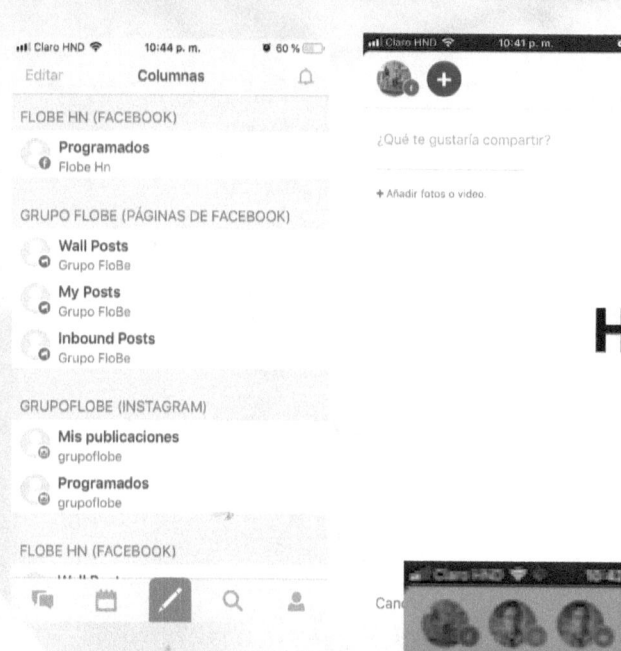

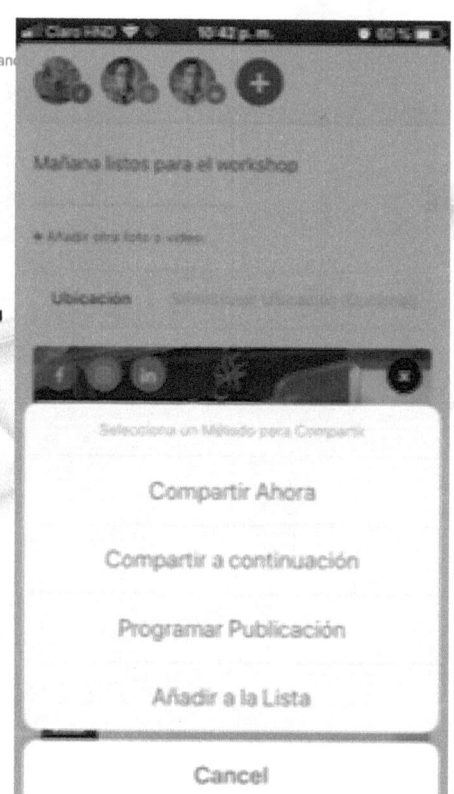

MIDE TU CONTENIDO

REVISEMOS LAS ESTADÍSTICAS DE NUESTRAS REDES.

Claro HND 📶 12:05 a. m. 🔋 100%

‹ **Estadísticas**

| Actividad | Contenido | **Público** |

Vs. 30 de enero - 5 de febrero

Lugares principales ⓘ

Ciudades   Países

Honduras	78%
Estados Unidos	10%
España	3%
México	2%
Argentina	1%

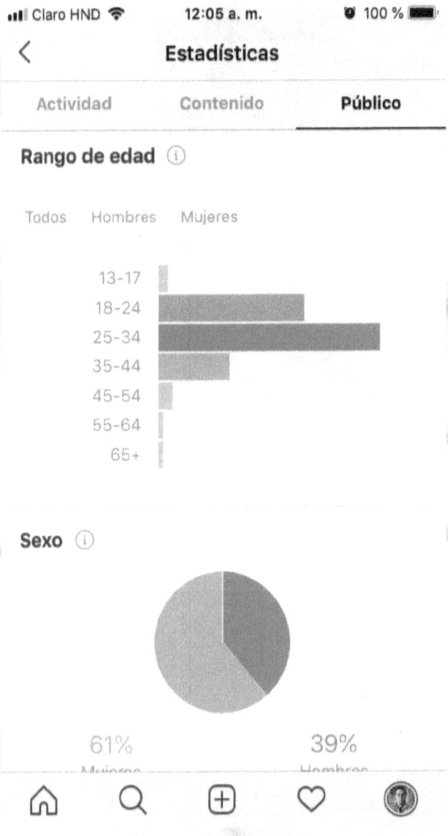

Claro HND 📶 ⚡ 12:04 a. m. 🔋 100%

‹ **Estadísticas**

| **Actividad** | Contenido | Público |

Visitas al perfil — 118
+87 vs. 30 de enero - 5 de febrero

Clics en el sitio web — 2
+1 vs. 30 de enero - 5 de febrero

Descubrimiento ⓘ

533
Cuentas alcanzadas del
6 de febrero al 12 de febrero

Mié   Jue   Vie   Sáb   Dom   Lun   Mar

Alcance — 533
-114 vs. 30 de enero - 5 de febrero

Impresiones — 4,382
-1,355 vs. 30 de enero - 5 de febrero

🏠 🔍 ➕ ♡ 👤

Claro HND 📶 12:05 a. m. 🔋 100%

‹ **Estadísticas**

| Actividad | Contenido | **Público** |

Rango de edad ⓘ

Todos   Hombres   Mujeres

13-17	
18-24	
25-34	
35-44	
45-54	
55-64	
65+	

Sexo ⓘ

61%   39%
Mujeres   Hombres

🏠 🔍 ➕ ♡ 👤

Debemos siempre ver: edad, Lugar, genero y con que publicaciones ínter actuaron mas mis amigos.

Habla -

Vende +

CAPÍTULO V

LA IMAGEN SI IMPORTA

Recordemos que para la impresión o aceptación de nuestro producto o servicio influye lo que esta a la vista: *nuestro vestuario, logo, redes, tarjeta de presentación, empaque, aseo en todo.*

CONOCE TU PRODUCTO

No pretendas vender si no conoces tu producto y servicio, esto incluye también conocer tus limitaciones.
Cuales son las características de lo que vendes, para que otras funciones se usa, que complementos se puede usar

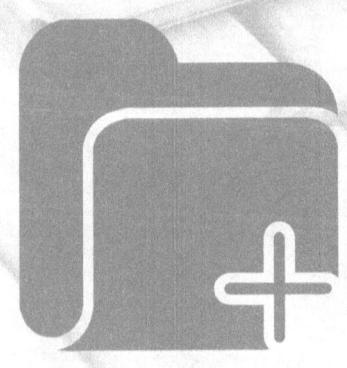

VALOR AGREGADO

Todo cliente VALORA inmensamente esos pequeños detalles que parecen insignificantes
Un regalo, un descuento, servicio a domicilio, Rapidez, Innovación. Vende valor y experiencia.

TEN LISTOS
TUS DATOS

Aunque no hagas la venta brinda siempre tus datos y como pueden contactarte. Ten muestras!

Tus numeros de telefono, nombre, como contactarte, formas de pago.

HABLA –
VENDE +

No hablemos tanto! escuchemos al cliente y seamos directos al vender...

Casi todas las ventas perdidas son por exceso de información innecesaria, es mejor escuchar y conocer al cliente para saber que le vamos a vender.

VENDE
SI O SI

Eliminemos los: "mandame un whatsapp", "yo le llamo", "Allá en otro lugar tienen". Consigue todos los datos de tu prospecto.

Debemos buscar la forma de cerrar la venta o enganchar al cliente, no les dejemos esperando y simplifiquemos los procesos.

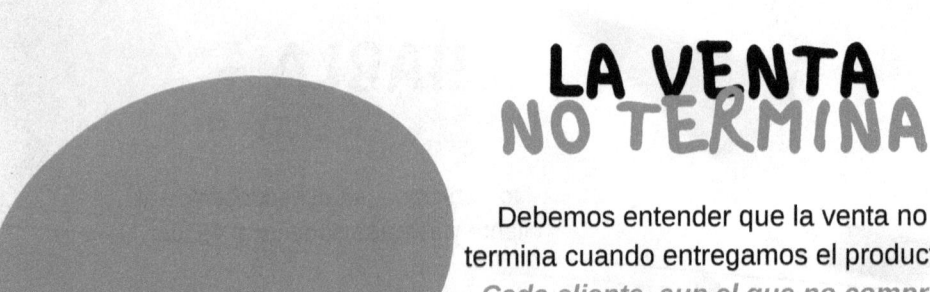

LA VENTA NO TERMINA

Debemos entender que la venta no termina cuando entregamos el producto. *Cada cliente, aun el que no compra, es un potencial promotor de nuestro producto o servicio por lo tanto debemos acompañarlo antes, durante y después de la venta.*

Uso y sincronización de formularios

CREANDO BASE DE DATOS

FORMULARIOS

El mas usado y eficiente es **GOOGLE FORM** a través de este podemos obtener información puntual de nuestro cliente potencial, pero recuerda que nadie te dara sus datos asi por asi, el formulario debe presentarse con algo atractivo que invite a los clientes a llenarlo.

ENCUESTAS

Una de las herramientas mas conocidas es **SURVEYMONKEY**

Las encuestas, ademas de conocer la opinion sincera de nuestros clientes son un filtro para medir el servicio, calidad y retroalimentar, así como una opción para fidelizar y recuperar clientes.

BOTS

Los bots o robots son herramientas para responder a nuestros clientes, ya sea de forma automática como respuestas personalizadas para no estar copiando o escribiendo y que nos facilitan ser rápidos al momento de responder las dudas de nuestros prospectos.

BASE DE DATOS

Excel, como siempre, es una herramienta eficaz para tener nuestra base de datos de clientes ordenadamente, en este punto es importante incluir (además de las casillas de la información relevante) el segmento o tipo de cliente y colocar filtros para poder manejarla de mejor forma.

Ventas en el mundo digital

HERRAMIENTAS Y TIPS PRACTICOS

DIFUSIÓN

WhatsApp se ha convertido en una herramienta de ventas casi indispensable para poder llegar a nuestro cliente y no solo eso, sino que lograr ventas a través de ella.
El problema es que se abusa o no se usa adecuadamente y llega al grado de provocar molestia y repeler a clientes en ves de atraer.

MARKETPLACE

Facebook de por si ha sido por ley el canal de mayor difusión para ventas y desde hace algún tiempo tiene su propia tienda virtual donde la compra y venta se ha convertido en una parte vital, ademas de las paginas y perfiles de empresas, marketplace es una buena vitrina virtual de nuestros productos.

TIENDA ON LINE

No podemos dudar que estamos poco a poco como región entrando en la era digital mas de lleno y que la nueva generacion que esta creciendo y tiene capacidad de compra prefiere todo de manera automática, **ECWID** es una plataforma de tienda on Line que sin duda puede ser nuestra tienda virtual.

Venta paso a paso
MÉTODOS Y TIPS DE VENTAS

INFORMA

Nunca intentes vender de una sola tu producto, busca siempre informar a tu audiencia que producto es y mas aun quien eres tu, no presentes tu empresa como estructura solamente sino tu parte humana. Recuerda que la primera impresión es la informacion que mas tomara en cuenta tu prospecto.

CONECTA

Intenta crear una relación con tu cliente pero que no sea una relación o interés fingido o con doble sentido sino una coneccion que genere confianza y respeto a la misma vez, si logras conectar con tu cliente estás ganando un promotor más y un cliente fiel.

ATRAE

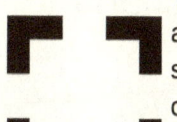

Es más fácil atraer clientes cuando ya has conectado con el, te simplifica aún más los procesos.
Trata de ves en cuando en enfocarte en los y no solo en las necesidades.
No presiones al cliente, ponte en sus zapatos y mantén informado de las novedades.

CAPTAR

Ya informamos, conectamos, y atrajimos al prospecto, ahora será más fácil captar la venta....NO!
si así fuese todos tus amigos cercanos ya te hubieran comprado y ¿no lo han hecho verdad?
Si habrá mas seguridad y confianza de ambas partes pero aquí es donde demostraremos profesionalismo, se capta aun cuando NO compran... cuando somos honestos y profesionales.

Paquetes de Marketing Digital!

Creación y diseño de contenido

Plan de contenidos e informe

Marketing de Contenidos

Creación y manejo de formularios

Manejo de redes sociales

Creación de mensajes automaticos

Tu marca en los canales digitales

Creación de ventas y clientes

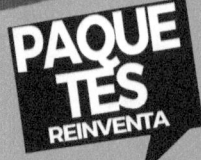

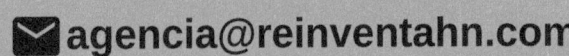

Bonus
Capsulas

ORGANIZATE!!

Haz una Lista de tus actividades y dividelas por diarias, semanales y mensuales

Organiza por Prioridad tomando en cuenta que Urgente NO es lo mismo que importante.

Organiza en un calendario las actividades con repetición y hora establecida.

ve al canal de youtube de juanflobe para ver el tutorial como hacerlo.

Deja tiempo en tu agenda para ti, para los tuyos, descansar y aprender.

5

TIPS PARA LOGRAR VENTAS DE VERDAD

SI DESEAS VENDER TU PEOR ENEMIGO ES LA DESESPERACIÓN.

DEJA DE HACER
LO QUE ESTAS
HACIENDO Y

RELAJATE!

YA RELAJADO
CREA UN NUEVO

PLAN

NO TE
COMPLIQUES
Y SE

ESPONTANEO

MANTENTE
SIEMPRE CON
ACTITUD

POSITIVA

NO BUSQUES
INVENTAR EL
FUEGO

ENFOCATE

6
Factores claves
EN REDES
SOCIALES

1

DEFINE
ESTRATEGIA
QUE QUIERES LOGRAR Y A
QUIEN QUIERES LLEGAR

2

VIGILAR
CONTENIDO
PROCURA IMÁGENES DE
CALIDAD Y TEXTO COHERENTE

3

ATENDER
NECESIDADES
NUESTRAS REDES SON
NUESTRO SERVICIO AL CLIENTE

4

DINAMIZAR
CADA CUENTA
DE FORMA DISTINTA SEGÚN EL
TIPO DE PUBLICO

5

EVALUAR
RENDIMIENTO
MEDIR IMPACTO, INTERACCIONES E
IMPRESIONES

6

UTILIZA
EL MOMENTO
OPORTUNO Y RED CORRECTA PARA
TUS PUBLICACIONES.

5 PASOS PARA EMPRENDER

EVALUA

No puedes empezar o inciar un capitulo
nuevo sin cerrar un capitulo anterior,
evalua que fue lo que hiciste bien y debes
mejorar o que fue lo que hiciste mal y
debes cambiar.

1

DEFINE METAS

2

Las metas definidas y a la vez claras y
alcanzables nos dan un motivo por el que
luchar, no debemos ser ni tan fantasiosos
ni tan miserables.

HAZ UN PLAN

Si ya tienes la idea y meta que quieres
alcanzar o hacer realidad necesitas un
PLAN, esta bien improvisar cuando es
necesario pero no podemos estar
improvisando toda la vida.

3

CREA ESTRATEGIA

4

Si tienes una idea y un plan pero no
una estrategia es como fueras a una
guerra sin arma... la estrategia es el
COMO vas a llevar a cabo el plan que
cumplira la idea y meta.

MIDE RESULTADOS

Todo el esfuerzo de tener metas, un plan
y crear estategia quedan invalidos si no
lo medimos, es como comprar una
manzana y no comerla, se va a podrir y
nunca sabremos que sabor tenia!

5

Conoce nuestros
CURSOS

Material y libros

Plantillas y formatos

Plataforma On Line

Diploma

grupoflobe.com/juanflobe

Si has finalizado este libro y te
ha servido agradeceria mucho
tus comentarios!

Quisiera compartir contigo,
puedes escribirme a cualquiera
de mis redes o al correo
juanflobe@gmail.com

grupoflobe.com

@JUANFLOBE

@JUANFLOBE

grupoflobe.com

Emprender

Es un reto y una aventura que nos desafia cada dia y donde aprendemos a ser creativos.

En este libro conoceras aspectos importantes, herramientas y terminos y te compartire plantillas y formatos que seguramente te serviran para poder desarrollar tu negocio a un nuevo nivel